Mor Natural For Humanity

더 자연
Mor Natural For Humanity

초판 1쇄 인쇄 2016년 08월 20일
초판 1쇄 발행 2016년 09월 01일

글 가현정
사진 박용희
펴낸이 가현정
총괄기획 오병철
책임편집 김동현
영업기획 최만규
디자인 라현아(mystic3852@naver.com)
펴낸곳 가현정북스

출판등록 2015년 7월 8일(제 2015-000151호)
주소 서울 서초구 강남대로 107길 21 (2층)
연락처 010-9261-0575
E-mail_ gana0504@naver.com
ISBN 979-11-955814-6-7 03110

*잘못된 책은 바꿔드립니다.
*값은 뒤표지에 있습니다.
*지은이와 협의하여 인지를 생략합니다.
ⓒ가현정, 2016. Printed in Seoul, Korea
저작권법에 의해 보호를 받는 저작물이므로 무단전재와 복제를 금합니다.

Mor Natural For Humanity

참된 인성의 길은
자연에 더 가까워지는
자연스러움에

더 자연

글 **가현정** · 사진 **박용희**

가현정북스

차례

작가의 말   8
날마다 자연을 바라보면 어느새 자연을 닮는다.

Be More Natural For Humanity   13
더 자연스러움이 인성이다

Living In Nature, We Have A Harmony Character   15
자연 속에 살 때, 조화로운 인성을 갖추게 된다

Good & Bad Are Equal Parts Of Our Life   19
좋은 부분과 나쁜 부분 모두 인생에선 똑같이 중요하다

The Empty Field Become Full   21
비워야 채워진다

Loss By Pruning Creates Growth   25
가지치기의 중요성

Nature Is Never Ending   27
내일은 내일의 태양이 뜬다

All People Have Their Own Days   31
누구나 자신만의 꿈을 펼칠 기회가 온다

Nature Has No Words For Itself   33
자연은 스스로를 위한 변명을 하지 않는다

Water Gives Life To All Plants   37
모두에게 생명을 주는 물처럼

We Keep Our Own Way To LIfe   39
생명의 길을 가야 한다

Enjoy Colors Of Nature, Opening Senses   43
감각을 깨워 자연의 색감을 즐기자

차 례

Don't Worry About Your Job   45
자연을 바라보면 근심은 사라진다

Beyond Our Imagination   49
상상 그 너머 자연을 바라기

Being Open in itself   51
자연 그대로 열린 마음으로

The Greatness Of Becoming Itself   55
있는 그대로의 위대함

Not Too Much Or Little   57
많지도 적지도 않은 적당함

Only But Balance Like Sun And Moon   61
오직 균형을 유지하는 것, 해처럼 달처럼

By Being Different From Others   63
남과 달라도 진정 나다움이 균형이다

Knowing And Trust Myself   67
나 자신을 알고 나 자신을 믿기

Looking Only At The Sky   69
푸르른 내 마음을 위한 하늘바라기

Beautiful Mind Like Flowers   73
꽃처럼 아름답게 피어나는 마음

Being Natural Is The Only Solution   75
자연스러움은 인생을 위한 유일한 해결책

Without Speaking, By Doing In Nature   79
자연은 말이 아닌 실천으로 일한다

차 례

Do What Makes You Happy   81
우리에게 행복을 주는 것들

Just Letting Go In Natural Ways   85
자연스럽게 놓아주기

We Are Part Of Nature   87
우리는 곧 자연이고, 자연이 곧 우리다

Understanding Nature Is Our Duty   91
자연을 이해하는 것, 인간이 해야 할 임무

Not By Words But By Actions   93
말이 아닌 행동으로만 이해할 수 있다

Opening To Every Chance   97
모든 기회를 받아들이는 무궁한 마음

Enjoying Our Work At Peace   99
즐겁게 일할 때 누리는 평화로움

Soft And Slow Wins The Race   103
결국 부드러움과 느림이 이긴다

Good People Stay Free In Nature   105
좋은 사람은 자연 속에서 자유롭다

Male And Female Are Needed In Nature   109
자연 안에서 서로에게 꼭 필요한 존재들

Time Enough For Everything   111
모두를 위한 충분한 시간

Let's Do Our Best, Wait The Time   115
최선을 다하고 때를 기다리자

차 례

Keeping With Passion And Hope   117
열정과 소망을 유지하면 때가 온다

The Natural Cycles Of Light And Dark   121
밝음과 어둠은 동일한 자연의 이치

Facing The Unknown Things   123
알 수없는 것들을 마주칠 때 얻는 교훈

Joyful In Being Unafraid Of Failure   127
실패를 두려워하지 않을 때 얻는 기쁨

작가의 말

날마다 자연을 바라보면 어느새 자연을 닮는다.
날마다 꽃을 바라보면 어느새 꽃처럼 아름다운 사람이 된다.

사람은 환경의 영향을 받는 존재이기에 지금 내 모습은
환경 탓이라고, 썩어 빠진 세상 탓이라고,
내 손에 금빛수저를 쥐어주지 못한 부모 탓이라고 하기 전에
잠깐 생각을 멈추어보자.

그렇다.
사람은 바라보는 대상을 닮기 마련이다.

오늘부터 고개를 돌려 아름다운 것만 바라보고
아름다운 생각만 하자.
나부터 아름다운 사람이 되어 주위 사람들에게
아름다움을 비추면 결국 이 세상 모든 이들이
아름다워 질 것이기에…

난 오늘도 자연 속에서 땀 흘리는
아름다운 모습으로 살아간다.

명옥헌 옆 과수원에서 땀 흘리며 일하는 아름다운 농부이자

땀 흘린 뒤 독서가 진짜임을 깨달은

명곡 오희도 16대손부 가현정 작가

14_더 자연

From.

To.

Be More Natural For Humanity
더 자연스러움이 인성이다

자연스러움의 반대는 부자연스러움이다.
행동이나 태도가 어색하고 조화롭지 못할 때 갖게 되는 좋지 않은 느낌을 부자연스럽다한다.
자연스럽지 못함은 인성에 부정적이다. 사람은 자연이기에 자연 속에 살아가야 한다.
자연 속에서 살아갈 때, 우리는 진정 자연스러움이 무엇인지 배울 수 있다.
모든 사람이 자연에 살아갈 수 있는 것은 아니므로 최소한 자연이 바라보는 대상이라도 되어야 한다.
사람은 바라보는 대상을 닮기 마련이기에, 날마다 자연을 바라보면 어느새 자연을 닮는다.

16_더 자연

From.

To.

Living In Nature, We Have A Harmony Character
자연 속에 살 때, 조화로운 인성을 갖추게 된다

자연 속에 사는 사람은 조화로운 인성을 갖추게 된다.
자연은 조화로움 그 자체이며, 일상 속 자연이 묻어나는 삶을 살아가기 때문이다.
도심 속 일상을 보내는 사람은 그 분주함과 부조화에 노출되어 조화로움을 잃고 살아가곤 한다.
조화로운 인성을 위해 도시 탈출을 시도해야 하는 것은 아니다.
자연을 바라볼 기회를 만드는 것만으로 충분하다. 그저 책 속 사진이어도 좋다.
날마다 자연을 바라보면 어느새 자연을 닮은 조화로움이 우리 안에 새겨진다.

18_더 자연

From.

To.

20_더 자연

From.

To.

Good & Bad Are Equal Parts Of Our Life
좋은 부분과 나쁜 부분 모두 인생에선 똑같이 중요하다

자연은 불필요한 부분이 없다. 좋은 것과 나쁜 것 모두 똑같이 중요한 역할을 담당한다.
잡초는 잡초대로 쓰임이 있으며, 꽃은 꽃대로 의미가 있듯이 자연에선 모든 것이 소중하다. 인생도 마찬가지다.
좋은 일만 가득한 인생을 바라는 대신 나쁜 일도 인생이란 밭에 꼭 필요한 거름임을 깨닫는 것이 필요하다.
잡초 가득한 밭을 바라보는 농부의 마음은 좋음과 나쁨이 공존한다.
잡초를 베느라 힘들지만 베어진 잡초들이 썩어 결국 밭에 작물이 잘 자라게 도와주는 양분이 되기 때문이다.

22_더 자연

From.

To.

The Empty Field Become Full
비워야 채워진다

Being ready for new life is empty. The empty field become full.
새로운 삶을 위해 가장 먼저 해야 할 일은 비우는 것이다.
비워진 곳이 가득 채워지기 때문이다.
겨울에 허허벌판이던 곳이 파릇한 새싹으로 차오르고, 곡식으로 가득한 들판으로 변하는 자연을 보라.
우리 인생도 마찬가지다. 가지려하고 채우려하기보다 먼저 비우는 태도가 필요하다.
가장 좋은 것으로 채우고 싶다면 먼저 비우자.

From.

To.

24_더 자연

26_더 자연

From.

To.

Loss By Pruning Creates Growth
가지치기의 중요성

Loss by pruning creates growth. It makes tree and plants refresh.
가지치기로 인한 손실을 통해 더 큰 성장을 이룰 수 있다.
잘려나간 가지를 아까워해서는 양질의 성장을 볼 수 없음을 자연의 사람이라면 누구나 알고 있다.
가지치기가 나무와 식물에게 신선함을 부여한다는 사실을 해마다 경험하며 살아가기 때문이다.
오늘 내 삶 속에서 쳐 내야할 가지는 무엇인가?
걱정이 해줄 수 있는 것은 아무것도 없다. 걱정과 불안이라는 마음 속 가지를 쳐 내자.
평안과 감사가 넘치는 삶의 주인공이 된다.

From.

To.

Nature Is Never Ending
내일은 내일의 태양이 뜬다

해피엔딩이 아니어도 슬퍼할 이유가 없다.
결코 다함이 없는 자연은 우리에게 중요한 인생의 비밀을 알려준다.
끝남은 곧 시작이라고 깨닫게 해준다. 끝만 바라본다면 해피엔딩만을 원하기 마련이다.
내일 아침이면 어김없이 해가 뜬다. 오늘 저녁 해가 지는 것만 바라보고 슬퍼한다면 얼마나 어리석은 일인가?
지금 흘린 눈물이 모여서 성장에 꼭 필요한 생명수가 될 수 있음을 안다면
당장의 슬픔에 좌절하여 모든 것을 포기하는 일은 없으리라.
오늘 못한 일을 슬퍼할 시간에 내일을 준비하자.

30_더 자연

From.

To.

32_더 자연

From.

To.

All People Have Their Own Days
누구나 자신만의 꿈을 펼칠 기회가 온다

All people have their own days. Stay in harmony with the days of your life.
누구에게나 자신의 꿈을 펼칠 기회가 반드시 온다.
그 기회를 잡는 사람과 그렇지 못한 사람의 차이점은 무엇일까?
조화로운 일상을 살아가느냐에 그렇지 못하느냐에 따라 운명이 달라진다.
자연스러움을 의미하는 조화로움은 기회를 잡을 수 있도록 자신을 정비하게 해주기 때문이다.
눈부신 그날을 꿈꾸는 그대를 위해 꼭 필요한 조화로운 일상으로 초대하는 자연을 바라보자.

From.

To.

Nature Has No Words For Itself

자연은 스스로를 위한 변명을 하지 않는다

Nature is just as a giver for all livings. It offers us infinite possibilities.

자연은 자신을 위하여 변명하는 일이 없다. 그저 모든 살아있는 존재들을 위해 아낌없이 주는 존재다.

인간에게 무한한 가능성을 제공해주는 자연은 결코 그 대가를 바라지도 않는다.

억울한 일이 많은 인간들과 달리 자연은 언제나 있는 그대로를 펼칠 뿐이다.

씨앗을 심고 가지를 치며 밭을 일구었어도 자라게 하는 이는 자연이다. 자연 속에서 겸손히 살아가는 것이 인생이다.

36_더 자연

From.

To.

38_더 자연

From.

To.

Water Gives Life To All Plants

모두에게 생명을 주는 물처럼

Water gives life to all plants, not only flowers but also weeds.
자연이 내리는 물은 모든 식물에 생명을 준다. 아름다운 꽃이나 잡초들 모두에게 말이다.
예쁘고 미운 대상이 없고, 좋고 나쁜 존재도 없음을 자연은 알고 있기 때문이다.
꽃이 아름답다는 것을 알게 하기 위해선 잡초가 필요한 법이다.
잡초를 뽑거나 베어둔 채로 놔두면 옥토를 위한 거름이 된다.
흐르는 물처럼 모든 사람을 차별함 없이 감싸 안는 것이야말로 참된 인성이다.

From.

To.

40_더 자연

We Keep Our Own Way To LIfe

생명의 길을 가야 한다

Not depending on others, we keep our own way to joyful life.
다른 사람을 의지하지 말고, 오직 우리 자신의 길을 가야한다.
그 길은 생명으로 난 길이어야 하며 기쁨으로 향한 길이어야 한다.
시끄러운 세상을 떠나 초야에 묻혀 학문에 정진하던 선비들의 모습은 우리에게 본이 된다.
다른 사람을 의지하지 않음은 곧 세상을 떠나 자신의 세계로 들어감을 의미한다.
자연은 우리에게 무엇이 중한지를 알려 준다. 생명을 살리는 일 보다 더 중한 일이 또 있을까?

42_더 자연

From.

To.

44_더 자연

From.

To.

Enjoy Colors Of Nature, Opening Senses

감각을 깨워 자연의 색감을 즐기자

Nature looks, sounds, smells, tastes and feels good. Open senses to dye colors of nature.
You will find your own beauty.

자연에 물드는 삶, 이 보다 더 부러울 수 있을까 싶은 삶이다. 오감을 열어 자연에 물들어 보자.
자연을 바라보고, 듣고, 냄새를 맡고, 맛본다면 좋은 느낌을 얻게 된다.
무엇보다 각자 가지고 있는 자신만의 아름다움을 발견할 수 있다.
아름다운 변화를 이룬 것이 아니라, 아름다움을 알아보는 감각이 깨어난 것이다.

From.

To.

Don't Worry About Your Job
자연을 바라보면 근심은 사라진다

Don't worry about your job. Trust in the infinity of nature.
아무것도 염려하지 말고 우리 쓸 것을 넉넉히 제공하는 자연으로 돌아가자.
근심을 가득 안고 살아가는 존재는 하늘 아래 인간뿐이다.
머릿속 가득한 걱정으로 무거워진 채 고개를 숙이고 있다면, 하늘을 향해 시선을 들자.
하늘을 바라보려면 우선 걱정을 비우고 가벼운 마음상태가 되어야 한다.
억지로 고개를 든다고 해도 무거운 상태로는 금세 수그리게 된다. 아무것도 해낼 수 없는 상태로 살아가는 것이다.

From.

To.

50_더 자연

From.

To.

Beyond Our Imagination
상상 그 너머 자연을 바라기

Beyond our imagination, we are the one in nature. We can live with the mystery.
인간이 할 수 있는 상상 그 너머 존재하는 자연을 바라볼 수 있어야 한다. 그럴 때 우리는 자연 속에서 하나가 된다.
자연 안에서 너와 나, 우리가 함께 살아갈 수 있음은 신비 그 자체다.
상상력은 곧 창조력임에도 인간의 상상력은 자연이 해낼 수 있는 것에 비해 너무나 작고 약하다.
상상할 수 도 없는 그 상태, 상상 너머로 나아갈 때 제한된 세상을 벗어나 한층 성숙해진 자연 속 자신을 만나게 된다.

52_더 자연

From.

To.

Being Open in itself
자연 그대로 열린 마음으로

By being open to others, we have lived in the universe.
자연은 본질적으로 열린 마음이다. 다른 사람을 향해 열린 태도를 가짐으로써 만유의 주재로 살아왔다.
자연을 닮고자 하는 사람은 반드시 열린 마음과 자세를 가져야 한다.
꽉 막힌 산과 강을 보았는가? 물이 흘러 강이 되고, 숲이 모여 산이 됨을 보라.
물처럼 흐르고 숲처럼 모이는 삶이야말로 자연과 하나되리라는 소망을 실현한 것이다.
협동과 배려의 인성은 강산에서 배울 수 있다.

From.

To.

56_더 자연

From.

To.

The Greatness Of Becoming Itself

있는 그대로의 위대함

Nature never forces the growth in the field. Sometimes we don't even realize its existence.
있는 그대로 두어야할 때를 아는 사람은 풍성한 수확의 기쁨을 누린다.
자연은 결코 성장을 강요하지 않는다. 때때로 우리는 자연이라는 존재 자체를 인식하지도 못한다.
더 큰 성장과 성숙을 이루는 자연을 깨닫는 사람은 복이 있다. 일확천금을 노리는 마음은 자연과 어울릴 수 없다.
때론 알 수 없는 자연, 보이지 않는 자연 속에서 가장 큰 소득을 얻게 된다는 사실을 알자. 더 늦기전에.

From.

To.

Not Too Much Or Little
많지도 적지도 않은 적당함

Remember that nature works in balance, not too much or little.
자연은 많지도 적지도 않은 적당함으로 균형을 잡아 일한다.
흔히 사람들은 부족한 것, 결핍만을 부정적으로 생각하곤 하지만 과잉되는 것이야말로 더욱 좋지 않음을 기억하라.
균형을 잡고 생활하기 힘들다면 자연을 바라보라.
답이 없는 인생을 살펴보는 대신 한결같음으로 적당함을 갖추어 일하는 것을 보면 우리도 달라질 수 있다.
성과없음에서 벗어나 풍성한 소득을 맛보게 될 것이다.

60_더 자연

From.

To.

62_더 자연

From.

To.

Only But Balance Like Sun And Moon
오직 균형을 유지하는 것, 해처럼 달처럼

낮엔 해처럼 밤엔 달처럼 살아갈 수 있다면 얼마나 좋을까?
해와 달의 삶은 아마도 제 때와 제 자리를 찾은 모습이리라.
문명이 발전하고 도시화될수록 낮과 밤이 바뀌는 생활양식을 갖게 된다. 해와 달은 장소를 가리지 않고 뜨고 진다.
자연에서 일상을 영위할 수 없더라도 해와 달을 바라보며 자신의 삶의 양식을 점검하는 시간을 가지자.
자연스러운 삶, 균형을 잡으며 살아가는 것이 결코 어렵지 않음을 경험할 수 있다.

From.

To.

By Being Different From Others

남과 달라도 진정 나다움이 균형이다

By Being different from others, we make our own life.
Being in the new ways, we really experience ourselves.
있는 그대로 자신의 모습으로 살아가는 것은 남과 다름으로 인해 가능하다.
이전과 전혀 다른 새로운 방식으로 존재할 때 우리는 진정으로 자신 본연의 모습을 경험한다.
내 삶은 나 스스로 만들어 가는 것이다.
내가 아닌 다른 그 어떤 힘에 의해 원치 않는 방향으로 끌려가는 운명은 존재하지 않는다.
진짜 운명은 각자 인생에 최고로 좋은 방향으로 이끄는 힘이다.
남이 세워둔 기준을 아무런 생각도 없이 그저 따라가는 것이야말로 균형을 잃어버린 채 나다움을 잃어가는 것이다.

66_더 자연

From.

To.

From.

To.

68_더 자연

Knowing And Trusting Myself

나 자신을 알고 나 자신을 믿기

Knowing and trusting myself is the best way to grow me the mature one.
나 자신을 알고 나 자신을 믿는 것이야말로 성장으로 가는 최상의 길임을 알고 행하는 사람이 많지는 않다.
유명 인사나 전문가를 찾아다니며 어떻게 살아야할지, 무엇을 해야 할지 묻는 것을 그만두라.
자기 인생을 남에게 내어 맡기는 것과 같은 셈이다.
대신에 하루 5분이라도 좋으니 조용한 장소에서 자기 자신과의 대화 시간을 가져야 한다.
자연 속에 머무는 시간을 마련할 수 있으면 더 좋다.

From.

To.

Looking Only At The Sky
푸르른 내 마음을 위한 하늘바라기

Looking only at the sky can bright my mind.
Paying attention to my steps on the ground can raise me up.
단지 하늘을 쳐다보는 것만으로도 마음이 훨씬 밝아짐을 경험해본 적이 없다면 지금 당장 책을 덮고 고개를 들어보라.
아주 작은 창이어도 한조각 하늘을 볼 수 있다면 그것으로 충분하다.
땅을 딛고 있을 때, 한 걸음 옮길 때 잠시라도 내 발걸음에 주의를 기울여보자.
설령 땅이 꺼질 듯 한숨을 내뱉던 상황이었다 해도 금방이라도 하늘로 솟구쳐 오를 듯 가벼워지는 자신을 보게 될 것이다.

From.

To.

74_더 자연

From.

To.

Beautiful Mind Like Flowers
꽃처럼 아름답게 피어나는 마음

How can I give you my love? Love is like a wild flower growing well anywhere.
어떻게 해야 내 사랑을 당신에게 전달할 수 있을까?
애써 내 마음 모르는 척 아닌 척하려 해도 한 사람을 사랑하는 마음은 커져만 가는 데….
사랑은 돌봄의 손길이 없음에도 척박한 땅 어디에서나 잘 자라는 들꽃처럼 내 마음 속에 굳건하게 자리 잡는다.
누구나 사랑으로 인한 가슴앓이 한번쯤 해보았으리라.
들꽃도 꽃이기에 사랑하는 동안은 아름답게 피어나는 마음을 갖게 된다.
다만 시들고 나면 보잘것없어지는 꽃과 같은 사랑이 아니기를.

From.

To.

Being Natural Is The Only Solution
자연스러움은 인생을 위한 유일한 해결책

Neat and simple solutions for human problems are not natural.
In fact, they are always wrong. We need to be more natural.
인생 문제를 푸는 깔끔하고 단순한 해결책이란 존재하지 않는다.
그럼에도 구세주 메시야를 기다리는 것처럼 단박에 해결되는 순간이 올 거라 믿는다.
문제 해결을 위해 가장 먼저 할 일은 다양하고 복잡한 문제 속에서 일단 빠져 나오는 것이 필요하다.
단순명쾌함 대신 자연이 보이는 위대한 순간 속으로 들어가자. 더욱더 자연스러운 상태로 돌아갈 때 모두 제 자리로 돌아간다.

From.

To.

80_더 자연

From.

To.

Without Speaking, By Doing In Nature
자연은 말이 아닌 실천으로 일한다

100 words give way to an action by doing. No speaking let everything work.
Just listen to the sound of wind, birds, insects and plants in your surroundings.
백 마디 말보다 한 번의 실천이 더 낫다.
말없음의 강력함으로 오히려 모든 것을 가능케 한다.
바람소리, 새와 곤충이 내는 소리, 식물이 자라는 소리는 우리 주위에 가득하다.
이젠 그 소리에 귀 기울이자. 자연은 말이 아닌 실천으로 일한다. 인생 또한 마찬가지다.

From.

To.

Do What Makes You Happy
우리에게 행복을 주는 것들

What makes you happy? Trying to see what you have will make you happy.
우리에게 행복을 주는 것은 무엇인가? 행복하다는 느낌을 갖는 것은 사람마다 다른 매우 주관적인 척도이다.
그럼에도 대부분의 사람들은 남과 비교하는 데서는 행복을 얻지 못한다.
오히려 비교는 불행의 늪으로 빠지는 가장 확실하고도 빠른 길이다.
이미 내게 주어진 것에 감사하는 태도와 지금은 없지만 갖고 싶은 것이 있을 때
곧 가지게 될 것이라는 편안한 마음, 이 두 가지면 충분하다.

From.

To.

86_더 자연

From.

To.

Just Letting Go In Natural Ways

자연스럽게 놓아주기

In nature waiting and watching is better. Just letting go is a natural way.

자연은 기다리고 지켜봐주는 것을 좋아한다.

그저 떠나보낼 것은 떠나보내고 흘려보낼 것은 흘려보내는 것이 자연스러운 방식이다.

목적이 이끄는 삶에 대해 충분한 이해도 없이 원대한 목표를 세우고 도전하는 삶의 방식이 유행하던 때가 있다.

자신에게 부족한 부분, 즉 결핍을 중심으로 세운 목표를 향해 달려가는 것은 결국 만족하는 삶이 되질 못한다.

이미 내 안에 있는 소중한 것들에 감사하고 자유롭게 세상으로 흘려보낼 때 느끼는 넘치는 기쁨을 맛보자.

88_더 자연

From.

To.

We Are Part Of Nature
우리는 곧 자연이고, 자연이 곧 우리다

We can see ourselves by understanding nature, for we are part of nature.
In case of natural disaster we can survive by giving way to nature.
사람은 자연을 이해함으로써 자기 자신을 제대로 바라볼 수 있고 이해할 수 있게 된다.
왜냐하면 우리는 자연의 일부이기 때문이다.
자연에게 양보하는 것이야말로 자연재해로부터 우리 자신을 지키는 방법이다.
자연을 극복의 대상으로 여기던 시대는 지나갔다.
자연은 우리와 하나라는 사실을 받아들이면 자연으로부터 많은 선물이 쏟아진다.

90_더 자연

From.

To.

92_더 자연

From.

To.

Understanding Nature Is Our Duty
자연을 이해하는 것, 인간이 해야 할 임무

Understanding nature is not difficult. It is so easy and possible for most people.
그렇다면 우리는 자연을 얼마나 이해하고 있을까? 자연을 이해하는 것은 어렵지 않다.
대부분 사람들에게 그것은 매우 쉽고 가능한 일이다.
어렵다고 생각하는 것은 단지 우리 마음 속에서 만 일어난 생각이다.
실제는 전혀 다르고, 농사일이 뭔지 몰라서 고민하는 경우처럼
교과서를 펴도 모르는 이야기 뿐, 국어 점수가 바닥에서 올라갈 기미가 안 보인다.

94_더 자연

From.

To.

Not By Words But By Actions
말이 아닌 행동으로만 이해할 수 있다

We cam learn everything in nature, not by words but by actions.
자연을 이해하려면 오직 말이 아닌 행동으로, 즉 몸으로 익히는 것이다.
산업혁명 이후 몸을 사용하는 업무가 급격히 줄어들고 단순노동은 한낱 못 배운 사람들이나 하는 일로 치부된다.
그러나 명심하라. 단순노동이 무거워진 머리를 식히고, 마음에 생긴 병을 치유한다는 사실을!
진정한 배움은 마음으로만 가능한 것이 아니라, 감각으로 느끼고 체험하는 것을 통해 가능하다.
자연에서 땀 흘리며 배운 지식이 진짜다.

96_더 자연

From.

To.

98_더 자연

From.

To.

Opening To Every Chance

모든 기회를 받아들이는 무궁한 마음

Don't worry about endings. Enjoy the beginnings. Let's open to every chance for the future.
집안에 무궁무진한 보물창고를 가지고 있으면서 엉뚱한 곳을 찾아 헤매는 인생들이 많다.
시작도 하지 않은 채 실패로 끝나면 어쩌나 하는 그저 막연한 두려움으로 가득한 삶을 살아가는 것은 옳지 않다.
두려움에서 벗어나 무한한 자연으로 돌아가라.
운이 없다고 한탄하는 대신 좋은 기회가 왔을 때 꼭 잡으려면 무궁한 마음, 열린 마음으로 준비해야 한다.

100_더 자연

From.

To.

Enjoying Our Work At Peace
즐겁게 일할 때 누리는 평화로움

Enjoying our work, we are at peace. Taking a walk in nature will save us.

행동력은 곧 행복력이다. 행동할 때 기분이 좋아지고 행복감을 느끼도록 창조된 존재이기 때문이다.
무사한일의 편안함을 버리고, 푹신한 소파에서 일어나라. 정신노동으로 피곤해진 우리 몸이 원하는 것은 움직임이다.
평소 부족했던 잠을 보충한다고 주말 오후 늦게까지 침상에 있던 습관은 오히려 건강을 해칠 뿐이다.
피곤함이 가시지 않은 느낌이어도 평일처럼 일찍 일어나되 오롯이 자기 자신을 위한 활동에 시간을 사용해보자.
차를 타지 않고 동네 어귀를 어슬렁거리는 정도면 딱 좋다.

From.

To.

From.

To.

Soft And Slow Wins The Race

결국 부드러움과 느림이 이긴다

Soft and slow wins the race. Soft plants grow in hard soil.
Slow growing plants may become larger than fast growing ones.
새 싹은 부드럽고 연한 반면에 고목은 거칠고 단단하다.
새 싹이 자라는 속도가 더딜지라도 결국엔 큰 나무가 된다.
부드러운 새 싹이 단단한 땅을 뚫고 나오는 것이야말로 결국 부드러움이 강함을 이긴다는 사실을 보여준다.
험한 세상에서 거칠고 강한 사람이 이기는 듯 생각하기 쉬우나 인생의 경주에선 부드러움으로 포용하는 사람이 이긴다.

From.

To.

Good People Stay Free In Nature
좋은 사람은 자연 속에서 자유롭다

Good people stay open and free, never finished.
좋은 사람 있으면 소개시켜주라는 말, 흔히 주고받는 말이지만 과연 좋은 사람이란 어떤 사람일까?
정작 소개를 부탁한 사람에게 물어봐도 좋은 사람이 누구인지 제대로 설명하지 못한다.
배우자를 선택할 때는 자기 자신에게 적합한 사람이 좋은 사람인데 남에게 부탁하는 것 자체가 모순이다.
좋은 사람이란 자연 속에서 열린 마음으로 자유롭게 살아가는 사람이다.
마침이나 닫힘과는 거리가 먼 사람, 그런 사람이 좋다.

From.

To.

From.

To.

Male And Female Are Needed In Nature

자연 안에서 서로에게 꼭 필요한 존재들

인류 역사를 살펴보면 남성과 여성의 성 역할을 둘러싼 충돌과 대결 사례는 참 많이 발견된다.
그럼에도 요즘처럼 반목하고 있는 때는 없었던 듯하다.
남성이든 여성이든 한편에서 절대적 우위를 점한다면 오히려 갈등이 없으리라.
갈등하고 반목하는 지금 시기를 지혜롭게 건너간다면 성숙한 관계로 발전할 것이다.
오직 이 한 가지, 자연 안에서 우리는 서로에게 꼭 필요한 존재라는 점만 잊지 않으면 된다.
We are part of the natural balance of things.

From.

To.

Time Enough For Everything
모두를 위한 충분한 시간

어떤 농부가 벼를 심어놓고 매일 아침 일찍 논에 나가 얼마나 자랐는지 살펴보고 벼 끝을 잡아당기곤 했다.
자라는 벼를 잡아당기면 그냥 둘 때보다 더 빨리 자랄까?
황당한 이야기의 주인공은 맹자에 등장하는 송나라 농부다. 설마 실제로 이리도 어리석은 농부가 있을까?
모든 것에는 때가 있고, 성장을 하는데 충분한 시간이 필요함을 강조한 우화로 보면 될 듯싶다.
There is the time for everything. Have a time enough for everything.

From.

To.

116_더 자연

From.

To.

Let's Do Our Best, Wait The Time
최선을 다하고 때를 기다리자

Don't try to control others. In nature, we are in harmony.
맹자에 등장한 송나라 농부를 다시 생각해보자.
비록 어리석은 사람을 상징하는 우화라 할지라도
농경사회 독자들이 이해하기 쉽도록 농부를 주인공으로 삼은 맹자는 정말 탁월한 교사다.
아무리 핵심 진리를 꿰뚫고 있는 훌륭한 스승이라도 주변에서 흔히 볼 수 있는 소재나 사례를 들어
손에 잡힐 듯 쉽게 다가오는 이야기로 설명하지 않으면 제자들은 어렵기 때문이다.
자신만의 욕심으로 환경이나 사람을 통제하는데 힘쓰지말고, 자연 안에서 조화로움을 이루기에 힘쓰자.

From.

To.

Keeping With Passion And Hope
열정과 소망을 유지하면 때가 온다

With passion and hope, we make everything beautiful.
우리가 탐낼 것은 반짝이는 조명아래 빛나는 명품 가방이 아니다. 오직 열정과 소망이다.
열정과 소망을 지닌다면 그 무엇도 아름답게 만들 수 있기 때문이다.
올해의 명품 컬렉션으로 치장한 여인이 되기보다 열정과 소망으로 치장한 여인이 되기를 다짐한다.
세상에서 가장 든든한 배경은 학벌이나 부유한 환경이 아니다.
그 어떤 지혜나 실력도 열정과 소망을 이길 수 없음을 경험했기에 확신을 가지고 말한다.
열정과 소망을 탐하라!

120_더 자연

From.

To.

From.

To.

The Natural Cycles Of Light And Dark
밝음과 어둠은 동일한 자연의 이치

Following the natural cycles of light and dark, there is a good feeling of simple life.
밝음과 어둠은 자연스러운 순환과정이다. 어둠이 있어야할 때가 있고 밝음이 있어야 할 때가 있다.
어둡다고 실의에 빠지거나 좌절하지 말고, 밝음에 있다고 자만하지 말아야하는 이유다.
밝음과 어둠은 동일한 자연의 이치다. 우리는 단순한 삶으로 얻는 좋은 느낌을 가지는 것에 집중하자.
오직 좋은 느낌과 좋은 생각이 어두울 때나 밝을 때나 좋은 것들을 창조해내기 때문이다.

From.

To.

Facing The Unknown Things
알 수없는 것들을 마주칠 때 얻는 교훈

We have the best lesson for life, facing unknown things.
There is a wisdom in being unafraid of failure.
알 수 없는 것들을 마주칠 때 인생의 가장 좋은 교훈을 얻게 된다.
실패를 두려워하지 않을 때 지혜가 생긴다.
나이가 들면서 모르는 것에 대해선 두려움으로 인한 편견이 생기고, 새로운 것을 배우려하는 대신 배척하려고만 한다.
나이가 많아 늙은이가 아니라 모든 것을 다 안다고 생각하는 순간 늙는 것이다.
젊음을 유지하고 싶다면 알 수 없는 것들을 마주치는 기회를 자주 가져야한다.

126_더 자연

From.

To.

128_더 자연

From.

To.

Joyful In Being Unafraid Of Failure
실패를 두려워하지 않을 때 얻는 기쁨

The secret of a cheerful and joyful look in being unafraid of failure.
"이젠 너도 나이가 있으니, 모험과 변화는 줄이고 안정을 꾀해야지."
가현정 작가를 사랑하고 아끼는 많은 사람들에게서 듣는 조언이다.
동시에 "어쩌면 이렇게 활기찬 표정을 유지할 수 있죠? 힘들게 일하는 농부 티가 전혀 안나요."
처음 본 사람들은 그 비결을 알려달라고 묻곤 한다.
이 책을 끝까지 읽은 분들을 위한 선물로 그 비법을 공개한다. 결코 실패하지 않는 자연에 살면 된다.
당장 짐을 싸지 않아도 자연 속 일상에서 끌어올린 철학이 담긴 가현정 작가의 책을 읽으면 된다.

From.

To.

130_더 자연

"앙상한 가지를 걱정하지 마세요.
자연은 반드시 새싹을 틔워 주니까요.
인생도 마찬가지에요.
자연의 마음으로 살면 지금 암담한 현실에도
반드시 행복의 싹이 트니까요."

-아름다운 농부 가현정 작가 올림-

From.

To.